신원교 시집

사유의 시간

이 책을 _____에게 바칩니다.

신원교 시집

사유의 시간

도서출판
곰단지

들어가며

'사유의 시간'에 담다

저자는 성장한 곳이 별다른 취미를 가질 수 없는 벽촌이었고 동네에는 또래가 없어 벗들과 놀 기회가 적었기 때문에, 예전부터 책 읽기와 글쓰기 시간을 많이 갖게 되었습니다.

학창 시절부터 지금까지 매일 일기를 쓰고 잡필을 써왔습니다. 문학을 공부한 적 없으면서 혼자 쓰는 것이 취미였습니다. 여러 해 써두었다가, 몇 년마다 또는 이사할 때 폐기하였습니다. 지금 생각하니 없앤 글들이 아쉽네요.

예나 지금이나 시(詩)나 수필 또는 소설을 읽고 나면 그 작품에 스며있는 저자의 경험이나 사유(思惟)를 간접적으로 체득하여 나의 살로 만들 수 있다고 여겨져 곁에는 늘 한 권의 책이 준비되어 있습니다.

내가 쓴 책 한 권의 꿈이 있었는데, 마침 2025년 '인생을 바꾸는 책 쓰기'를 공부할 기회가 생겨서 글을 쓰고, 모으고, 보태고, 다듬어 책을 만듭니다. 책 쓰기를 지도해주신 성수연 선생님께 사의(謝意)를 표합니다.

'자연과 더불어, 꿈을 가꾸고, 일하면서, 사람과 더불어, 단상의 잡필'의 순서로 글을 정리합니다. 수줍은 저의 발자취가 담긴 책입니다. "사유의 시간"이 읽는 이에게 조금이라도 도움이 된다면 큰 영광입니다.

2025년 9월

신원교

차례

| 들어가며 | '사유의 시간'에 담다 | 신원교 | 4 |

제1부　**자연과 더불어**

세월	13
길	14
벚꽃은 초목을 푸르게	15
봄에 산에 흰 꽃 화원	16
민들레	17
파초	18
타향살이 소나무	19
산도라지	20
산비탈 수리취	21
고추잠자리	22
꼬마 손님 참새	23
덤불의 봄 소리, 장끼	24
예쁜 겁쟁이, 산토끼	25
야산의 부랑자 멧돼지	26
구름	27
장맛비	28
중복 불볕더위	29
해변의 발자국	30
은행잎 편지	31
소리 없이 온 하얀 손님	32
해가 태어난다	33
호수 같은 노량 바다	34
지막리 계곡	35
금오산	36
남강은 살아 있다	37
여름 아침에	38

제2부　　꿈을 가꾸고

미래의 설렘	41
별의 꿈	42
봄은 희망	43
새가 되어 하늘을 날고 싶다	44
기다림	45
코스모스	46
빙그레	47
가로등	48
순환 열차	49
아침 등산	50
새 아침 새해	51
어제와 오늘 그리고 내일	52
사모곡(思慕曲)	53
여로(旅路)	54
상상은 자유	55
새벽 동녘을 응시하며	56
비둘기	57
소오산 옹달샘	58
초록빛 지도	59
책상 위 동그란 거울	60

제3부　　일하면서

내가 좋아하는 일 많아	63
나의 길	64
나이	65
나의 나이테는 어디에 있나?	66
산장	67
텃밭	68
논두렁	69
그 매력의 한 그릇 라면	70
일요일은 웃는 날	71
여름 국수	72
더위로 농땡이 하루	73
개문만복래(開門萬福來)	74
6층 베란다 하늘 정원	75
마늘 예찬	76
빨간 방울토마토	77
딸기 산업의 미래 준비	78
우리 농업	79
퇴직 후 3주째 되는 날	80
일하면서 잠시 생각에	81
책 쓰기를 위한 인생 단어장	82

제4부   사람과 함께

시내버스 정류장	85
약속은 목숨이다	86
인생의 동반자, 고뇌	88
대화	89
시골 풍경의 가족사진	90
우린 실타래로 얽혀 있제, 인연	91
소미회(笑微會)	92
산수연(傘壽宴)	93
임과 함께	84
고행하시는 임에게	95
연화(蓮花)	96
어머니	97
아버지의 들녘	98
독일 여동생과 재회	99
나는 하릴없을 때 시를 쓴다	100
수경재배 상토 박사	101
딸기 전공 학생 22인과 함께 2년	102
말 한 번 아니 한 소녀	103
웃음	104
마음	105
사람 냄새나는 저녁 식사 모임	106
인생 그렇게 살지 말아요	107
임을 보내면서	108
간판 아래 '또오리'의 문법	109

제5부   잡필단상

잠 못 이루는 밤	113
변화무궁	114
계단 오르기는 자가발전	116
울렁다리	118
산행은 보약	119
즐거운 단상(斷想)	120
마당 벌어진 데 솔뿌리 걱정	121
등나무 그늘에서 희망을 엮다	122
그라운드골프	123
빈 병은 말한다	124
넝쿨째 굴러와 호박	125
나는 무엇인가?	126
약속 못 지켜 미안	127
나의 詩는 어디에 사는가?	128
오늘도 이 길을 걷는다	129
인생의 묘수, 바둑	130
일기(日記)를 써야 잠든다	131
사유(思惟)가 생이요 생(生)이 사유다	132
내 육신(肉身)의 기본	133
나는 단백질 덩어리	134
나의 뿌리는 어디에 있나?	135
육체를 움직이는 촉매, 효소	136
주마등처럼 스치는 정암의 발자취	138
사랑하고 감사합니다	140

마치며   나의 그림자가 햇볕을 가리지 않기를 바라며   142

제1부

자연과 더불어

세월

시간은
세월은
달리고 달려
인생도 화살처럼

잠시
명상에
지나온 나날이
쭉 스치면

아쉬움 저며도
떠나가는 급행열차
저 하늘 쳐다보며
심호흡하렵니다

길

하늘에는 비행기길
바다에는 뱃길
땅에는 사람 길

길을 가다 보면 이길 저길 많고도 많아
좁은 길, 꼬부랑길, 오르막길, 내리막길 있고
사슴 길, 물길, 바람길도 있겠지

재 넘어 논밭 가던 비탈길은
아버지는 거름 짐 지고 오르던 길
나는 소 몰고 뒤따르던 길

능선에서 사방을 보면
거미줄 모양 무수히 뻗어간 갈림길은
뇌 속의 뉴런처럼, 자연 속에 사람이 오가는 신경망

벚꽃은 초목을 푸르게

3월 끝자락 어김없이 만개하니
가지 속에는 컴퓨터가 있나 봐!

꽃 터널 속 거닐면
아버지 손 잡고 입장하는 신부 된 기분

잎보다 꽃이 먼저 피어도 시샘 없는 이파리
벚꽃은 우리에게 초록을 선물하네

그대 오면 추위는 멀리 가고
초목은 푸름이 짙어지네

더 붙잡아두고 싶어라
온풍에 꽃잎 흩날리면 새 되어 그 속을 날고 싶다

꽃비 속에 강아지 한 마리 뛰노네
잡히지 않는 꽃잎을 쫓아가며

봄에 산에 흰 꽃 화원

지리산 자락 이 골 저 골에는
낮 온도 25도 넘으면
봄이 왔노라 산새 메아리에 하얀 꽃동네

시골 아가씨의 맵시로 새봄 단장한 하얀 들꽃
흰민들레
은방울꽃
흰 각시붓꽃
너도바람꽃
광대수염
각기 하얀색 안에서도 다채로운 빛깔을 뽐내네

하얀 꽃향기에 취한 까치는 아카시아 위에서 눈감고
하얀 깃털 안개구름은 목화솜 이불인 양 중봉을 휘감는데
하얀 꽃가루는 번영을 꿈꾸며 꽃바람 타고 산야를 휘날린다

민들레

봄에
양지바른 곳이면
산야(山野) 도농(都農) 마다하지 않고
흙이 있든 없든 어디든지 정착해서

눈치 안 보고 마음대로
틈새마다 뿌리 깊게 뻗어
쇠톱형 잎 가장자리는 밟혀도 살아남는 전사
노란 꽃 너의 강인함이 미덥구나!

꽃 노랑은 다시 일어서는 꽃
흩날리는 솜털 달린 씨앗은 지혜로운 생존 병기
길바닥 먼지 뒤집어쓴 얼굴은 시골스러워도
편하고 반갑다. 봄맞이꽃

파초

초등학교 교무실 앞 외로이 선 파초여
겨울마다
볏짚 방한복 걸친 바보 정원수

조회 시간 교장 선생님께 인사 올리면
너는 그 절을 대신 받았지!
담임 선생님보다 너와 더 정들었을 터

중·고등학교에 가도
해와 장소는 달라도 본부 앞 그 자리엔
언제나 네가 서 있었네

소년 때는 모르고 이제야 깨달으니
너의 선조, 따뜻한 남국에서 온 이민자였구나!
고향 남국 떠나온 임, 저리도 애틋할까?

타향살이 소나무

아파트 작은 쉼터에
아이들 웃음꽃 피어나는 그네와 미끄럼틀
저 멀리 복슬강아지 꼬리 흥겹게 흔드네

어른들 땀방울 맺히는 운동 기구엔
백세 건강 염원 담아 규칙적인 구령 소리
삶의 활기 더하네

그사이 구색 맞춘 듯 심어진
벚꽃, 느티나무, 감나무, 백목련 가운데
사철 푸른 소나무 한 그루, 유독 눈길 끄네

소나무여 그대 고향은
진주 월아산인가, 남해 망운산인가?
어이하여 낯선 땅에 서서 이 풍경을 지키는가?

산도라지

양지바른 산자락, 물 빠짐 좋은 흙에
땅속 깊이 곧은 뿌리 내려
자잘한 잔뿌리 없이 오롯이 서서
단단히 제 자리 지키고 있네

가장자리 톱니 잎새는 서로 기댄 듯 어긋나고
칠팔월 지나는 길목에서
고운 꽃 보라색 종이 흔들리니
때로는 하얀색으로 수줍게

들꽃과 풀잎 함께 어우러져
소리 없이 피어나
산속 기품, 자연의 힘을 길러 올리네
풀잎이랑 바람과 함께 이런저런 이야기 하네

산비탈 수리취

늦봄, 비 그치고 맑게 갠 날
산비탈 바람에
수리취 넓적 잎이 일렁이며 노래하네

키는 자그맣고, 땅을 향한 겸손함 한결같아라
줄기엔 옅은 홈, 흰 털의 속삭임이 이어지고
가장자리 톱니 세우고, 어긋난 잎새마다 긴 털 품었지!

팔구월 되어 자갈색 꽃 피우면
조그마한 꽃송이, 겸허히 땅을 향해 피어나
흰 꽃받침과 뾰족한 꽃턱잎이 꽃송이를 보호하네

산골 태생으로
삶 곳곳에 스며, 제 쓰임을 다하는 수리취
하얀 잎은 파도처럼 일렁이는 산아의 지킴이

고추잠자리

황금색 물결
햇살이 벌판에 가득하면
사뿐사뿐 춤 자랑으로
풀밭은 고추잠자리 춤 자랑 무대

초가을 누런 들녘
손에 잡힐 듯 말 듯 유유히 날아다니고
길섶에, 때로는 누런 벼 이삭 끝에 살포시 앉아
눈빛으로 가을의 평화를 담는 너의 모습

날갯짓 그 움직임 하나하나가
고요한 풍경에 생명을 불어넣고
바람과 함께 날아다니는 얌전이
시골에서 빼놓을 수 없는 멋쟁이

고추잠자리의 붉은 날갯짓 있어
광야는 아늑하고 풍성해

꼬마 손님 참새

짧고 단단한 부리로 세상 이야기를 쪼아요
바람 읽는 꽁지깃은 하늘 길잡이가 되지요

여름날 해충 잡아 농업인의 벗이 되다가
가을엔 알곡 탐하는 작은 욕심도 부려요

한 눈으로 먹이를 엿보고, 두 눈으로 정성껏 쪼아 먹어요
가을 오면 친구들 모아 따스한 무리를 이루지요

방앗간 처마 밑 정겨운 소음 넘나들던 겨울 이야기
우리네 삶처럼 때론 해롭고 때론 이로웠어요

농작물에 해를 끼친다고 미움도 거친 수난도 겪었지만
자연의 이치 속에 생태계 균형자로 제자리를 찾았지요

예전에 하늘 가득 구름처럼 무리 지어 날았는데
이제는 그리움 되어 빈 하늘에 눈길 멈춥니다

덤불의 봄 소리, 장끼

산자락 수풀 사이 이른 봄기운 알리는
꿩~ 꿩~! 높은 쇳소리 노랫소리 울려 퍼지네
언 땅에 생명 불어넣는 너는 꿩

수컷, 너는 장끼
붉은 얼굴, 알록달록 빛깔로
덤불 가장자리를 환히 비추네

몸은 길고 날씬한데, 날개는 둥글고 짧아
하늘 높이 나는 꿈 꾸지 않네
하지만 위험 다가오면, 숲속으로 몸 던지네

추운 겨울날에는, 서로 기대 온기 나누고
따뜻한 봄 오면 산자락 덤불에, 봄을 알리는 울음
사랑 노래하며 덤불에 둥지 트네

예쁜 겁쟁이, 산토끼

앞산 중턱 풀밭에 산토끼 껑충껑충
등은 회갈색 옷, 배는 하얀 속옷
귀는 쫑긋쫑긋 너의 모습 귀여워

저녁 오면 살금살금 풀잎 먹으며
야산 어귀를 조용히 거닐며
앙증맞게 앉아 있을 때 몸통은 살짝 앞으로 기울고

하지만 어찌 잊으랴!
하늘엔 날카로운 발톱, 땅 위엔 무서운 눈빛
호시탐탐, 곳곳에 도사리는 너의 천적

흰 눈 내리는 날이면 너의 하얀 겨울옷은
사냥꾼의 눈에 띄는 슬픈 이야기도 있었지만
날랜 몸동작은 생명, 초롱초롱한 눈빛은 사랑

야산의 부랑자 멧돼지

어둠 닮은 몸빛에
검은 갈기 세우고
숲의 그림자 깊은 곳에 숨을 쉬네

저돌적 기세로 망설임 없이 달리는 직진의 길
뾰족한 주둥이는 부지런히 움직여
언덕배기 무덤 헤집고, 나무 밑동 들추네

어둠을 친구 삼아 들판에 내려와
사람의 땀방울이 일군 밭을 뒤집네
농업인의 한숨 모른 체, 자기만의 배를 채우는 밤의 용사

진주 선학산 아침 등산로에 남몰래 남긴 주둥이 자국
대지의 힘 품은 그 흔적
이 또한 생존의 법칙

구름

앞산 뒷산
새벽안개, 구름으로 승화하여

허허실실 나르며
바다 위로, 산 위로 방랑 억만리

바람 부는 곳 따라 두둥실 춤춰 가고
메마른 곳 달려가서

무거운 짐 세상에 선물하면
산과 들에 만물이 환영하는 단비로 환생

목마른 사슴은 갈증을 해소하고
산천초목은 싱싱 멋 부린다

장맛비

유월 장마에 돌도 자란답니다

장맛비에
강변 청개구리는 엄마 묘 생각으로 곡소리 합니다

장맛비에
불에 탄 민둥산
산사태는 지옥입니다
가뭄 때 꺼진 불도 다시 보자!

장마는
봄에 오면 반가운 고사리장마
가을에는 스치듯 건들장마
쉼 없이 퍼부으면 수해 걱정 억수장마
철 지나면 심술부린 늦장마
단비는 고마워

우산 장수 장마를 사랑하는데
부채 장수 장마를 사랑 아니합니다

중복 불볕더위

비는 행방이 묘연하여
남극으로 갔는지 소식 알 길 없고

바람도 떡갈나무 잎에 걸려 서버려
매미의 울음은 더 커지고
하늘엔 점 하나 안 움직이는구나!

한낮 땡볕에
등과 얼굴이 따가운 순간
나비마저 그늘로 날아가 버린
이 지독한 더위를 어찌할꼬!

수은주여, 인제 그만 내려와라
네가 오를수록 숨통이 조여온다

저기 강물 속, 잉어야
자유로이 헤엄치는 법을 나에게 가르쳐줄래?
시원한 율동이 너무나 부러워
너와 함께 춤추고 싶구나! 물속에서

해변의 발자국

솔솔 바람에
바다 향이 누리를 채운다

작은 물고기 하나 튀어 올라
제 세상인듯 물결을 가르고
사박사박 모래 위 발자국은
한 줄의 시가 되어 해안을 노래한다

저편, 갈매기 뒤로
당신의 미소가 빛 되어 흐르고
내 마음은
파도에 기대어
수평선을 넘나든다

은행잎 편지

하얀 비둘기, 나의 전령이여
강 건너, 산 너머 그대에게
가을 햇살 머금은 은행잎 한 장에
이 마음 애틋이 접어 띄웁니다

부채꼴 잎에 꾹꾹 적은 숨결
바람에 바스러질까 안타까워하고
빗물에 스며들까 노심초사합니다
제발 가는 길에 펼쳐 읽지 마세요

거친 강물을 가로지를 때도
눈부신 물결에 흔들리지 마시고
여리고 귀한 이 편지
오직 무사히 닿기를 바랍니다

당신은 이 소식을 기다릴 테지요
하루하루를 채우는 보람은
이처럼 서로 오가는 정에 있습니다

소리 없이 온 하얀 손님

아침에 밤새 고운 손님
소리 없이 지붕과 장독마다 새하얗게 옷을 입히고
산과 들을 감싸 안고 백색 눈부신 천지

눈꽃 피어나는 풍경 속에 발자국 그리려
아이와 강아지 달음질 자랑
나무와 바위와 얼음은 포근히 잠들고

하얀 옷 입은 소나무 끝 참새 한 마리
별과 구름 그리고 하늘을 바라보는데
마음도 자연도 하얀 우주

해가 태어난다

새소리 명랑하고
풀냄새 상큼한데
여명 이슬은 진주알처럼 또록또록

먼 수평선 아래서 살며시 솟아오르는 둥그런 금쟁반
바다에서 해무에서 서서히 하늘로
가슴도 뛰는 일출은 산토끼 아침잠 깨우고

찬란한 해돋이에, 향긋한 아침 향기에
사슴처럼 펄쩍펄쩍 달려가고, 백로처럼 훨훨 날아가고파
바람 되어 해님에게로 가서 안녕하십니까?

아침 태양이 탄생하는 저 신비로운 광경
파도와 나뭇잎과 풀잎이 환호하고
마중 나온 인파의 함성은 구름을 넘는다

호수 같은 노량 바다

남해와 하동 그 사이에
호수 같고, 강 같은 바다 있어요

잔잔히 넘실거릴 때는 헤엄하여 건널 듯
고래등 파도 밀려오면 겁먹고 저 멀리 도망

아버지 손 잡고 명절 때 건너던 나룻배 어디로 갔나?
관음포엔 거북선 그 모습 아직 눈에 선한데

저기 공단 위용에
여기 잔챙이와 월척 모두 태평양으로 이민 가네

지막리 계곡

산청 금서에 지막리 계곡은
숨 쉬는 보석 같아
숲은 산 소리에 깊이 잠기니
솔바람에 잎새들은
서로에게 속삭이듯 고개 숙여 인사 나누네!

구르는 돌마다
억겁의 세월 담겨있고
자갈 새로 흐르는 물줄기
지리산 품속의 생명 핏줄 같으니
수만 년 태고의 숨결 담은 대자연의 조화

전후좌우 산뿐이고 머리 위만 남은 공간
한 폭 그림 되어 펼쳐지고
이곳에 들면 서두를 일도, 속상할 일도 없어라
마음 없는 경지에 이르러
나무도 되고 바위도 되리라

금오산

진교와 금남을 품어 솟은 금오산
그 정상에 서니, 구름은 발아래 평원을 이루고
하늘과 맞닿은 듯 천지가 내 안으로 스미네
만물이 발아래 엎드리니
잠시나마 세상을 품은 듯 취해

울창한 숲, 바람결에 일렁이고
뭇 생명의 속삭임 가득하네
눈 앞에 펼쳐진 다도해의 절경
바다 건너 남해 섬, 서쪽엔 섬진강
북녘엔 지리산, 동쪽엔 천년 고도 진주

봄마다 남녘 벚꽃 화사히 피어오고
풀 뜯는 소와 벗하던 곳
자연과 함께한 그 추억 아롱지네
산등성이 오르면 속이 확 터지는 곳
진교에 금오산은 못 잊을 내 고향

남강은 살아 있다

비 그친 유월
강변에 서니
강물은 거울 되네

강 가운데 섬
갈대 물결 이는 곳에
갈색 고라니 하나 뛰놀고

강가 수양버들 가지에서
뻐꾸기 목청껏 울어대고
잉어가 물살을 가르고 솟구치네

저녁노을 잔디밭
젊은 엄마와 아기 그리고 강아지
함께 환한 웃음꽃 피우네

여름 아침에

어둠은 산등성 너머로 스러지고
동녘은 금빛으로 물들어 오네
대지는 상쾌한 기운 가득

풀 이슬은 맑은 빛을 머금고
앞산을 덮은 안개는 승천하니
바위도 나무도 새날을 반기네

잠 깨우는 참새들 합창
정원수는 기지개로 푸름 더하고
미풍은 목련의 속삭임을 전하네

새로운 하루, 어떤 길을 걸어볼까?
가슴 깊이, 오늘의 희망을 그려보네
이 순간, 충만한 감사로 마음이 채워지니

제2부

꿈을 가꾸고

미래의 설렘

해바라기 환히 웃는 저 하늘 아래
오늘보다 눈부실 내일의 성취
꿈이 숨 쉬는 무대, 찬란한 새 세계

인고의 시간, 묵묵히 견뎌내어
조약돌 하나하나 쌓아 올린 탑
마침내 꿈이 피워낸 이상향

마지막 주자가 불 지핀 성화
달려온 길 땀방울 얼룩져도
저 성화대 위 타오를 광명, 미래

별의 꿈

밤하늘 별빛
낮에 빛나는 태양도 밤하늘 저 별의 하나

저 별은 얼마나 멀고 먼 곳일까?
강변의 모래알보다 더 많은 별

저 별에는 누가 살고 있을까?
달빛 아래 토끼가 뛰놀고

별들은 우리의 이야기를 다 듣고 있네
별을 바라보며 마음을 열고

별과 꿈은 하나
그 신비로운 빛이 꿈을 가꾼다

봄은 희망

봄은 흙냄새 묻은 새싹
봄은 초록
봄은 희망이요

추위 지새던 날 가고
새봄 오면 마음 들떠
겨울 가지에 싹 망울 솟고

봄에
잔잔한 시냇가 버들가지 흔들리고
무덤가 할미꽃 고개 솟네!

연초록 새 이파리는 봄을 환영
보리꽃 향 흩날리는 들판에
소년과 강아지가 나란히 걸어가네

봄에 밭두렁에 서서
초록 들판 넘어
임에게 간다고, 오라고 손 흔듭니다

새가 되어 하늘을 날고 싶다

푸른 하늘을 가로질러
날개를 펼치고 솟아오르리
바람과 함께 소리 없이 구름 위를 유영하리
가고 싶은 곳, 어디든지
사랑하는 이에게 소식을 전하리
꽃씨를 물어 산과 들에 새 생명 파종

아름다운 노래로 숲을 감싸고
맑은 강물 따라 바다로 흐르리
높은 곳에서 넓은 들판을 바라보며
자유롭게 춤추는 새가 되리

고향의 향기, 반가운 뒷동산
그리운 이의 목소리, 잔잔한 사랑
짐을 다 내려놓고 가볍게
새처럼 날아가리라 자연과 하나 되어
내 마음속의 새가 되어
영원히 자유를 노래하리

기다림

조급함을 달래고 시간의 흐름에 따르자
서두르지 않고 기다리면 난사(難事)는 사라진다
기다림은 지루함도 괴로움도 아니고 인내
기다리고 참으면 그리운 사람의 소식 온다

기다림은 집 나간 아들이 돌아오기 바라는 어머니 마음
메마른 대지에 내리길 기다리는 단비처럼 간절한 염원
기다림은 새롭고 좋은 것을 기대하는 희망 씨앗

기다림은 나무줄기 속에 숨어있는 움
훈풍 불어오는 봄이 되면 새싹으로 변신하기 위하여
눈보라 차가운 긴긴 겨울을 웅크리는 기다림

우리는 평생 그 기다림의 순간 속에서 살아가는데
기나림에 익숙힌 이는 지혜를 품고 있으며
우리에게 기다림은 끝없는 여정이자 영원한 숙제
기다리는 자에게 복이 있나니

코스모스

그와 함께 그 길을 걸을 때
가을 코스모스 네가 방긋 웃어 환대하니
하늘은 더 높고, 광야는 더 넓어서 끝이 안 보인다

책보 둘러메고 뒷동산 오를 때, 머릿속은 미래 한 가방
도란도란 속삭이며 손바닥에는 코스모스 꽃잎 한 잎 두 잎
분홍 얼굴은 동그란 소녀

산들바람 먹고 사는 코스모스
저기 별나라까지 너의 향기는 날고
분홍색 미소에 뒷동산 가을은 아련히 산들산들

다음 해도 다다음 해도
코스모스 너는 오늘의 향기와 꿈을 오래 간직하리
먼 훗날 못 잊어 여기 다시

빙그레

빙그레 환하게 웃으니 얼굴이 밝아지고
빙그레 미소에 비둘기 다가오네

빙그레는 머리를 맑게 하는 청량제
빙그레는 이웃과 대화하는 소통 약제

빙그레 미소 지으면 십 리 밖 벗도 달려오고
빙그레 미소는 만복을 오도록 하는 초대장

가로등

도로에서
강둑에서
다리에서
교차로에서
말 없는 파수꾼

폭풍 한설 쓸쓸한 겨울
빨간 꽃 노란 꽃 피고 지는 춘삼월
삼복염천 불타는 한여름
오곡백과 향긋한 가을
너의 가림 없는 자애로 육신을 태워 천지를 밝히고

팔방으로 퍼지는 빛줄기는 내비게이션
저 빛 따라 어제도 오늘도 내일도 우리는 오가고
말 없는 가로등은 세월도 잊은 듯
깜깜한 세상을 밝히는 저 등불
무언의 빛 너는 희망의 안내자

순환 열차

일천구백칠팔십년대
낮에는 진주에서 서울로, 밤에는 그 반대로
열차는 하나인데 밤낮 원을 그리며 돌고 돌았다

유수 지나 진주로 들어설 때
주약동 터널 통과하여 진주로 들어설 때
목쉰 긴 경적에 어머니는 버선발로 대문으로

직장생활을 하면서
매월 진주와 수원을 오가는 수단은
언제나 반갑던 그때 진주행 순환 열차

지칠 줄 모르고, 쉬는 일 없이 가고 또 가던 그 기차
플랫폼에 휘날리는 깃발은
꿈도 임도 함께 가지고 띠니리는 신호

아침 등산

박달나무 수줍은 앞산 자락을
영롱한 일출 광 찬란하면
진한 이슬 맺힌 이파리마다 꿈이 몽글몽글

과묵한 대지는 풀 내음 미소롭고

신바람 흐뭇한 여명에 황톳길 오르면
원기는 숲에 충만하고
교교한 장송에 받들어진 일월은 광명 세계

새 아침 새해

이 아침에도 밝은 태양은 변함없이 떠오르고
선학산 정상 사람들은 병술년 시작을 박수로 열광
꿈을 먹고 살던 소년의 푸른 맘은 여전한데
을유년은 과거지사로 되니 세월은 이렇게 쌓여

연륜이 오가고 바뀌길 얼마 만인가?
어느새 회갑이 지나고 남의 일 같던 노년
지나간 일은 불문하고
빈 마음 창해에 돛배 띄우련다

푸름이 일순인 것 깨달으니
망각 중 망각이로다
어린아이 재롱 벗 삼아 방그레 세상 보며
주변 만사 순리대로 이뤄지소서

어제와 오늘 그리고 내일

지나온 나날 무수한 밤낮 눈코 뜰 새 없이 살아온 삶
계곡 길 구르는 외로운 돌멩이 되어 유수 따라 흘러 흘러
그리하여 날이 가고 달이 가고 해가 가니 어느새 고희
뭘 조금 알고 정신 들 듯하니 인생 연극 오 막 상영 중

희로애락 넘어 빈 마음 깨달음으로 부처님 미소로
샛별 보고 일어나 손발이 부르트도록 달려온 길
여기 넓은 초원에 핀 꽃 환하고 정답게 반겨준다
물에는 하얀 꽃, 들에는 노란 꽃

눈물겹도록 반가워
못 잊을 만큼 고마워
또 하늘땅만큼 사랑해
나의 길이여 내일이여

사모곡(思慕曲)

새가 맑고 푸른 하늘을 높이 비상
꿈처럼 바람처럼 나는 저 새는 사모 새
곱고 행복했던 기억일랑 잊은 듯 훨훨

만남은 이런 건가? 부디 건강하고 또 안녕해요!
창공 날아가는 그 새를 놓아줄게요
마음 다해 가슴 가득했던 꿈

짧은 순간 아름다웠던 시간
인연은 때가 있었나요. 잡을 수도 없나요?
눈감고 바라보면 잡힐 듯 안 잡힐 듯 나는 그 새

하늘 저 별과 같이 반짝거리며
망부석처럼 조용히 있을래요
있고 없고 함이 없는 우리네 생(生)

여로(旅路)

초등학교 3학년 담임 선생님이
장래의 꿈을 물으셨을 때, 깊은 생각 없이
"국회의원"이라고 대답했던 기억난다
중학교 때는 로켓을 만들어 하늘을 날아 보고
고등학교 때는 법 분야에서 출세하고 싶었다

대학에선 미생물 발효학을 전공하여
지구 위에 널린 탄화수소 화합물에서
미래의 에너지를 찾고자
실험실에서 밤낮 바뀌는 줄 모르고
섬유소 분해효소 실험에 몰두했다

그 후 우리나라 농업을 선진화시키는 것이 희망
지금도 이 꿈은 진행형
이처럼 시간이 지나면서 꿈은 변해왔지만
근본적인 열정은 마음속에 그대로 남아있고
한국농업이, 우리 사회가 참 발전하기를 염원한다

상상은 자유

미지의 저편
그윽한 세계여
맑은 눈과 드넓은 마음으로
밤새도록 별빛 속을 유영하다 돌아오니

부족함 없는 풍요 넘실대고
닿지 못할 꿈 없는 그곳
안되는 것 없이
무엇이든 마음껏 펼쳐지는 자유

가슴 속 염원을 저 달에 쏘아 올리고
마을마다 사랑이 꽃피는 세상
아아, 이 모든 것이 한낱 꿈일 뿐
창밖엔 한겨울 바람이 휘몰아친다

새벽 동녘을 응시하며

산마루에 고요히 서서
붉게 물들어 오는 동녘을 바라보면
별빛은 스러지고
수평선엔 금빛 솟아올라

밤의 긴 그림자 걷히고
환한 밝음 차오르며
아득한 꿈의 경계 넘어
새로운 시작을 알려

미지의 지평이 열리고
먼 항해를 알리는
힘찬 뱃고동 소리
바다와 하늘에 웅장하게 울린다

걷다가
때로는 온 힘 다해 달리고
다시금 굳건히 걷는 발걸음
하늘빛 따라 영원히 이어지네

비둘기

사람들은 널 평화의 메신저로 부른다
나는 너를 꿈 날라주는 소녀로 보련다

아침이면 나무 위에서 내가 뭐 하는지 내려본다
간밤 꿈은 꾸었는지 아침밥은 먹었는지

낮에 길 몰라 서성이면 앞에서 종종걸음으로 안내하고
마음이 좀 그러면 '구구'하면서 노래로 달래준다

밤에 생각하니 비둘기 넌 나의 동행자다
꿈을 물어다 주는 고운 사랑새야

소오산 옹달샘

백련리 소오산, 길 골 비탈길
칠부 능선, 숨 고르던 자리
돌 틈 사이 졸졸 밤낮 쉼 없이 흐르는 샘물

여름 낮 오후, 오르막 땀방울 씻어주던
한 모금 시원함
등골을 타고 흘러 온몸에 시원 스몄네

옆 바위 올라 내려다본 전경
앞바다는 호수처럼 잠들고
맑은 하늘 아래, 소나무 가지 사이로 바람 속삭였지!

소는 풀 뜯다가 고개 들어 나를 보고 빙그레
나는 책장 넘기다 소에게 눈 맞추고 방그레
해 질 녘 서편 하늘이 주황빛 물들 때
배부른 암소와 함께 하산 발걸음 맞추었네

타향살이 오랜 시간 지나, 그리움 그 샘처럼
늦었지만 다시 한번 그 평화를 찾아가 보고 싶구나
오직 나만이 간직한 소오산 여름날 오후 옹달샘

초록빛 지도

하늘을 향해 두 팔을 흔든다
내일은 더 높이 흔드리라
아침 햇살은 광명하다

가슴에는
꽃망울이 움트고 있었지!
온 누리 그릴 초록 설계도

가슴에는
희망의 깃발이 나부끼고
저 멀리 별처럼 반짝여 발걸음 이끌었네

꿈은
새봄 가지 끝 터져 나온 초록 새싹
추위 이겨내 맺힌 딘딘힌 꽃송이 같았네

초록
너는 꿈의 색
발아래 펼쳐진 하늘과 땅은
소년의 꿈이 담긴 지도였나?

책상 위 동그란 거울

언제나 책상 위 동그랗게 빛나는 나의 연인
365일 날마다 다정한 벗
앉거나 서거나 나를 향해 미소 짓네

유리 속 그대를 만나면
마음속에 환한 불이 켜지듯
입가에 저절로 웃음이 번지네

표정의 구김 지우고
맑은 기분으로 다시 앉아보네
아, 이게 나였구나!

세월의 바람이 훑고 간 자리
하얀 이슬 맺혔지만
이것도 나의 조각이니

그래도 참 좋지, 너를 볼 때면
화도, 찡그림도 머물지 않으니
투명한 벽이 나를 비춘다

제3부

일하면서

내가 좋아하는 일 많아

내가 좋아하는 일 헤아리면 많고도 많아
싫어하는 일 아니면 다 좋은 일
아침 얼굴에 와 닿는 햇살 그 따스함이 좋고

사랑하는 가족들 날마다 편안한 웃음
땀 흘려 이루어낸 작은 열매
내 마음 밭에서 돋아나는 새싹 소리도 좋지

세월이라는 강물 흘러가고 얼굴에 새겨진 주름
담담히 받아들이는 이 순간도 좋네
맘의 은하수에 미소, 보람, 평안함이 채워지면 좋아

어둠 내려앉는 저녁에 오늘을 돌아보며
하루를 잘 살았는지를 생각하는 지금이 좋네
바람은 내일도 딜 아프고, 잔잔히 흘러가기를

나의 길

사방이 잠든 밤
나는 초원 가운데 나무 한 그루
이제는 비바람 소리 벗 삼아야지

나의 벗은
산이고 시냇물이며
송죽과 야생초

별도 숨은 적막 허공에
깃발은 졸고 메아리도 잠든다
그래도 그 미소 그려보는 마음

지평선 너머 둥그런 해님이 솟아오른다
반기는 이 없고 기다려주는 이 없어도
뚜벅뚜벅 가련다. 나의 길을, 원격제어 수경재배의 길

나이

나이 드니 생자필멸(生者必滅) 이해돼
젊을 땐 패기가 하늘에 닿을 듯
세월 가니 늘어난 주름 계급장, 경륜으로 세련된 눈빛

소년의 눈엔 산과 들 온통 내 것
청년은 힘이 활화산처럼 솟아나고
장년은 생의 찬가를 노래하고
노년은 과묵하다

걸어온 그 길, 나이테 바퀴마다 새겨진
미움
실패
빈곤
풍요
명예
성공
사랑

이젠 빈 유리병
투명체로 비상할 준비

나의 나이테는 어디에 있나?

세월 흐름에 따라 나무줄기에는 나이테가 생긴다
염소의 뿔에도, 금붕어 머리뼈에도 나이테는 있다
그런데 나의 나이테를 어디에서 볼 수 있나?
나의 나이테는 뼛속에 있을까, 사유 속에 있을까?

20대 후반의 청춘은 몸과 두뇌가 영글고
30대 장년 되니 20대는 철부지더라
불혹 되니 세상은 다 내 것
쉰 넘으니 알찬 나락 알 같다는 생각

예순 되니 이제 어른 된 기분
칠순 되니 60대도 어린아이처럼 덜 여물어 보이고
일흔 넘어도 아직 청춘처럼 이것저것 쳐다본다
여든 되니 내가 어쩌다가 여기까지 와 있나? 짐 정리해라!

산장

산골 계곡 길을 예닐곱 번 돌고 돌아 다다르면
지리산 어느 산자락 계곡 가에 아늑한 산장
산장이래야, 좀 오래된 초록 컨테이너 세 개
들쥐가 친구처럼 천장 위를 달리는 곳
벗은 바위고 나무와 산이며 마사 텃밭과 흐르는 물

사방은 숲으로 여름은 초록이 사로잡고
맑은 물소리는 마음을 정결하게 해주는데
깊은 밤에 저 하늘 올려보면 별이 꿈 된다
저 별은 억만년 반짝이고 있으리
별빛 총명한 밤, 이렇게 적적하고 평안한 산장에

텃밭

봄 여름 가을 계곡물 시원한 산장 텃밭에서
흙 파고 모종 심고 김매고 부지런히 가꾼다
산새들은 텃밭에서 간식을 찾으려고 노려본다

주인 잘못 만난 참다래는 탱자만 하다
상추는 서다가 넘어지다가 일어서고
방울토마토는 땅에 살금살금 기어간다

고추는 살고, 죽는 나무 반반인데 그래도 열매는 맺혀
부추 배추 쑥갓 시금치 케일 오이는 자유형
그래도 가지는 이상하게 주렁주렁 맺히네

삭풍 지난 후 복합비료는 적당량, 천연액비는 듬뿍
늦서리 끝나면 모종 심고 씨앗 뿌려서 친환경재배
자라는 모습은 자연이고 자라는 과정은 사유(思惟)

논두렁

밀꽃 향기가 퍼지면 봄 익어
논두렁 따라 미소 짓는 완두콩 울타리는 나의 시(詩)

물못자리 논두렁 지나갈 때 햇개구리 철없는 물장구
이앙 때 모춤 들고 이 두렁 저 두렁 뒤뚱뒤뚱

여름 방학이면 밭두렁 논두렁 타며
꼴망태 소풀 가득

나락 익은 가을
불 냄새 가득한 두렁콩 서리는 농촌 멋

꾸불꾸불 고향 두렁은
이전부터 대대로 이어져 온 생존 길

그 매력의 한 그릇 라면

새참으로 언제 어디서나 쉽게 즐길 수 있다
매운맛, 치킨 맛, 해물 맛, 새콤달콤 맛

라면은 맛뿐만 아니라 다양한 변형으로
달걀, 채소, 해산물 등 여러 재료를 더하면
분주한 생활에 맞게 각자의 라면을 창조
언제나 간편식으로 든든한 필수품목 1번

나만의 방식으로 즐기는 라면 한 그릇 앞에 놓고
세상살이 따뜻하게 흥얼거려
라면은
값싸고
구하기 쉽고
앞처리 뒤처리 수월하고
첨가 재료에 따라 영양도 족하고
생활에 편하고
맛있어 좋다

일하면서 얼큰한 그 맛에
피로는 안개처럼 날아간다

일요일은 웃는 날

여러 날 기다림 뒤에 다가온 달콤한 쉼
몸과 마음은 늦잠으로 스며들고
오후 뒷산 오르고, 저녁 강변 거닐며
나를 온전히 잊어버리네

도시의 소음은 멀어지고
고요 속, 참된 나를 마주하는 시간
시간아, 부디 더디게 흘러가렴
이 소중한 순간 오래 함께하고 싶어라

내일을 위해 숨 고르며
가슴에 꿈 심는 시간
못다 한 일들
다시 피울 그림

저물어 가는 저녁
일요일은 이렇게
내 안의 깊은 안식으로 잦아드네
오늘의 감사와 내일의 기대로 방그레

여름 국수

뜨거운 여름날 쏟아지는 볕 아래
한 그릇 시원한 국물의 위로
그 깔끔한 물결 위에 일상의 고단함이 씻겨 가네

호루룩, 삶의 리듬처럼 흘러 길게 이어진 면발은
밀밭의 속삭임, 메밀꽃의 꿈
대지에서 온 생명의 기운이 담겨 향긋이 퍼지네

정성 담긴 손길이 빚어낸
하늘의 볕과 땅의 기운이 만나 오묘한 맛의 조화 이루고
한낮의 허기를 달래는 그 깊은 정

쫄깃한 감촉 부드러운 목 넘김에
간편함 넘어선 깊은 풍미가 스미고
한 끼의 행복이 온몸 가득 채워져

아, 그 맛, 잊을 수 없는 어머니의 손맛
시간을 넘어선 그리움이
오늘도 내 마음을 어루만지며 따뜻한 위안을 건네네

더위로 농땡이 하루

하루에 하루는 이틀
이틀을 몇 번 깜박거리면 한 달
하, 한 달 두 달 하다가 일 년도 방금이네

보석보다 귀한 이 시간을
방콕 농땡이로 까먹는 오늘
무더위가 핑계라

땀이 쉬지 않는 찜통은 무서워
아이스크림 먹고 싶고
풍덩 풍덩 산천에 계곡물 그리워

개문만복래(開門萬福來)

중학교 교장 선생님의 단골 구호가 '개문만복래'였다
월요일마다 운동장에서 아침 조회하는데
조회 시 자주 이것을 말씀하셨다.
귀에 녹음이 돼 버려, 지금도 지워지지 않아

문제는 조기 청소 당번 표를 교실의 앞면 교훈 밑에
큰 글씨로 써 붙여두는 것에 있었다
2주일마다 한 새벽은 눈 뜨자마자 아침 식사 전
학교로 가서 구석구석 뽑고 쓸며 닦는 일이 필수다

'개문만복래' 당번 날은 하루에 두 번 등교하는 셈
교장 선생님과 함께 쉴 틈 없이 교정 곳곳을 돈다
아침에 땀 많이 흘리므로, 전날 밤부터 정신 차려
그래도 즐거웠다 당번 날 새벽은

문 일찍 열면 부지런하니, 복이 오고
부지런하면 바라는 대로 이룰 수 있다
고로 부지런해라! 그러면 건강과 복이 따르나니
'개문만복래' 정우석 교장 선생님 그립습니다

6층 베란다 하늘 정원

우리 집 아파트 6층 베란다 하늘 정원은
아내의 전용 특별지역으로 선포된 지 여러 해

다른 층의 아주머니들 못 피우는 꽃을
우리 아파트에서는 사시사철 피우므로 신기하다

농업을 전공한 내가 손대기만 하면
우리 베란다 꽃들은 시들해지고 불쌍해져

그러나 집사람 손길만 가면 노랑 빨강 가득
윗집 아랫집 꽃 피우는 비법 알려달라고 하네

살펴보니, 집사람의 원래 꽃 기술은 별것 아니었는데
오랜 기간 쌓인 경험이 무서운 실력으로 도약, 하하!

우리 집 시집온 제라늄 베고니아 페투니아 호접란은
행운 화(花)다. 나비랑 벌 못 만나도, 사계절 살아나니

마늘 예찬

맨땅 속, 혹독한 한겨울
모든 숨 멈춘 듯 고요할 때
너 홀로 얼어붙은 시간 견뎌내며
봄날의 약속 품고 있었네

껍질 벗기면 만나는
톡 쏘는 너의 고백, 강렬한 향기
눈 시린 매운맛
그 안에 사는 화학자, 알리신이여

알리신 너는 몸 안 구석구석 스며들어
면역이라는 방탄복 덧입히고
염증이라는 불길 잠재우니
심신에 정화의 기운 불어넣는다

대대로, 우리 곁에서 변함없이 힘을 준
땅의 소중한 선물, 마늘이여
작은 몸에 담긴 큰 치유 고맙고 또 고맙구나
작은 알 속에 우주 신비가 담겨있구나

빨간 방울토마토

붉고 동글동글한 작은 얼굴
수줍어 푸른 잎 사이로 소리 없이 조랑조랑

이 땅으로 이주하여 사랑받기 시작한 때가 1990년대부터
토경, 수경 구분하지 않고 햇빛 비치면 광합성하고

통째로 한입에 터지는 달콤함이 그윽한 기쁨
비타민과 사랑 품고 영양 가득, 건강식품

샐러드 동행자로, 간식으로 우리의 식탁을 다채롭게
소중한 순간을 함께 나누네

딸기 산업의 미래 준비

우리 원예산업은
2010년대 아직 양 위주의 1~2차산업에 갇혀 있었는데
미래는 지금보다 더 고차산업으로 변신해야만 하네

농산물을 가공식품화함으로써
영양적 가치를 살리고 부가가치를 높인다

현장 가공 딸기 식품으로는
"딸기 타르트, 딸기 찹쌀떡, 딸기청, 딸기 우유"를
농장에서 소비자가 직접 만들어 보면
딸기의 또 다른 모습을 발견
과일로서의 매력과는 다른 매력을 더 느낄 수 있다

관광형 현장 가공은 새로운 소비 관광 문화로 발전
창조 농업이고 생활예술이다

딸기는 1세의 유아에서부터 100세의 어르신까지
모든 연령층에서 선호하는 식품이므로
가공은 2차원 농업을 3차원으로 혁신할 거

우리 농업

자동화 농업의 발전은 농업 역사에 획기적인 전환점
1960년대까지 '보릿고개'라는 빈곤의 시기가 있었고
한국농업은 매우 낙후된 상태였다

1970년대 후반 '녹색혁명'으로 식량 자급이 가능해졌고
1980년대에는 '백색혁명'을 통해
연중 원예작물 생산이 가능하여 식탁이 변모

이러한 변화에 따라 한국농업은 점진적으로 선진화
마침내, 반만년 고질적인 고전농업으로부터 탈피
오늘날 2020년대, 한국농업은 스마트농업 시대로 진입

이제 우리 농업도 선진국 대열에 동참
미래, 우리 농업은 영원한 생명 산업으로서
인공지능의 활용과 더불어 잠재력은 무궁히다

퇴직 후 3주째 되는 날

나는 어디서 와서 어디로 가고 있나?
생각할수록 의문은 끝이 없다
유년, 소년, 청년 시기는 빠르게 다 지나갔고
그리고 장년의 이 시기마저 쉼 없이 지나갔다
높게 크게 멀리 날고 싶었다
그러나 지금은 왜소한 자신을 본다

시냇물은 흘러가면 되돌아오지 않는다
겨울, 봄, 여름, 가을 또 겨울 다시 봄이 돌아온다
세상도 인생도 흐르고, 흐르며, 흘러간다
키 큰 나무가 있고 작은 나무도 있다
모난 돌이 있는가 하면 둥그런 돌도 있다
왼쪽 길 오른쪽 길 신경 안 쓰고, 조용히 앞길을 가련다

일하면서 잠시 생각에

눈 감으면 떠오르는 지나온 온갖 일
눈 뜨면 햇살에 안개 걷히듯
잘한 일 못 한 일
이런저런 영상 스치고
아쉬움은 커지나 그 시절은 다시 오지 않는다

그리움은 시간의 물결에 점점 희미해지고
추억은 흐릿하도록 퇴색한 벽지
여전히 마음 한쪽에는 묵묵히 남아있는 그 그림
그 순간을 조용히 간직
순환 열차는 기적을 울리며 서울로 달린다

책 쓰기를 위한 인생 단어장

쉰 개의 단어, 한 메모장에 생각나는 대로 적으니
흩날리는 마음 조각들이 자유로이 자리하고
저마다 다른 빛깔로 짜이는 나의 멋진 인생 단어장

그중 열다섯 단어에 마음 끌림을 따라 밑줄 그으니
어렴풋한 형상이 사물사물
가슴에 깃드는 자리매김

다시 다섯 단어에 빨간 색연필로 동그라미 치니
이야기될 씨앗 윤곽 드러나고
깊은 속삭임이 메아리 울려

단어 하나에 겹 동그라미 하니, 마지막 선택한 조약돌 하나
내 삶을 담을 그릇되고
한 단어 씨앗 되니 글이 무럭무럭 피어나네

성수연 님의 '인생 단어장' 만들기 지침 따라
날마다 살아 숨 쉬는 글 하나씩 모으고 쌓아, 책 한 권
인생 숙원사업 성취, 이리 새로운 이야기가 되는구나!

제4부

사람과 함께

시내버스 정류장

삶의 찰나
그곳에 서면
밝은 얼굴도, 어두운 얼굴도 함께
갖가지 표정 뒤 숨겨진 사연들
바쁜 걸음 재촉하는 시간의 그림자

손에 든 무거운 봇짐
삶의 무게를 짊어진 채
비워낸 마음엔 시작의 설렘이 가득합니다
동쪽 하늘을 향한 발걸음
남쪽 바람맞는 시선들

제각기 다른 길을 꿈꾸며
우리는 기어이 가야만 합니다
멈출 수 없는 시간처럼
저마다의 목적지를 향해
두고 온 마음 가지러 갑니다

약속은 목숨이다

함께 발맞춘 길
나란히 흐르는 너와 나의 시간
때론 거친 숨 몰아쉬며
잠시 멈춰 설 때도 있겠지요

하지만 그 찰나의 흔들림이
소중한 약속을 흐트릴까?
그 무게를 어찌 가벼이 할 수 있으랴!

저 아득한 언덕 너머
희망의 날갯짓 선명하고
저편에서 울리는 기원의 소리
그대, 부디 잊지 않고 이 길을 걸어오리라

약속은 참으로 고귀한 마음의 끈
너와 내가 함께 엮어가는 꿈

그 꿈이 있기에
매일의 발걸음은 빛나고 즐거우니
그것이 바로

우리를 밝히는 등불입니다

약속은 생물입니다
약속은 보물입니다
약속은 생명입니다

인생의 동반자, 고뇌

심경(心境)을 옥죄는 아픔이여
굴레는 소유와 무소유
불꽃은 간절한 바람
흑과 백을 가르는 칼날
세파와 부딪힘
그 속에서 고뇌는 일어나는구나!

숨 쉬는 매 순간이
번뇌의 연속임을 어찌 부정하리!
삶은 그 자체로 고행
인생은 실, 바늘은 고행
넘어져도 다시 일어서는 고행
그것이야말로 삶의 보람

고요의 경지에 이르면 정신적 괴로움은 사라질까?
어쩌면 삶이란 심적 아픔의 현실
그러하기에 우리는 더욱 간절히
이 아픔을 승화시키려 애쓰나니
그리하여 고뇌를 넘어선 자리
비로소 선경(仙境)에 이르게 되리

대화

해 뜰 녘, 꽃잎에 맺힌 이슬처럼
새들의 노래가 아침을 열고
서로의 숨결을 기꺼이 나누면
세상은 온통 화기애애한 빛깔

그러나 얼어붙은 땅처럼, 일방통행은
차가운 불화의 그림자를 드리우고
소통의 길은 이내 막혀버려
숨조차 쉬기 힘든 답답함이 감도네

하지만, 굳게 닫혔던 마음의 문이 열리고
막혔던 숨통이 시원히 뚫리면
엉켰던 실타래 풀리듯
너와 나의 이야기가 비로소 흐르니

마음과 마음 사이에 간격 없이
맑은 공기가 자유로이 오가듯
진정한 이해가 피어날 때
비로소, 고요한 평화가 찾아오리

시골 풍경의 가족사진

못생겨도 어릴 적 까까중머리 내 모습
처마에는 메주가 올망졸망, 뒤란엔 대봉감 한 그루
좌우로 형제자매, 앞에는 한 마리 강아지
가운데 두루마기 아버지, 그 곁에는 인자하신 어머니

정다웠던 가족사진
반백 년도 더 지나니
옅어진 색깔
붙잡지 못하는 세월의 아쉬움에 눈물 맺히네

'남는 건 사진'이라는 그때 어머니 말씀이 생생하고
60년 전 그 장면 한 장에 가슴이 뜨거워져
되돌릴 수 없는 그 추억, 억만금 값어치
사랑을 그때로 돌려봅니다

우린 실타래로 얽혀 있지, 인연

인연은 우리 삶을 관통하는 복잡한 실타래
사람과 사람 사이의 일차원 연결을 넘어
필연적 요소들이 사차원으로 섬세하게 얽혀져

태어나자마자 부모의 사랑에 둘러싸이고
형제자매와 정을 쌓으며
이웃과 친지들 모두 소중한 자산

좋은 인연은 우리의 삶을 풍요롭게 채색하고,
어려운 순간에도 따스한 위로가 되어준다
세월이 흘러도 빛바래지 않는 인연이 있다

반면, 불편한 인연은 때때로 상처를 남기지만
인연은 원하지 않아도 불쑥 찾아온다
어떤 만남은 우연처럼 보이지만

인연은 우리의 삶을 관통하는 혈관
모든 순간과 사람들을 아우르는 넓은 평원
인연 잘 가꾸면, 우리 삶은 아름다운 풍경

소미회(笑微會)

정암(靜岩)의 2022년 큰일은 소미회 참여
소미는 미소를 뒤집어서 모임을 명명한 것
누가 만들었나? 그 명칭 재치 있구나!

소미회 여섯님에게 존경, 감사, 사랑을
시간이 흘러도 가슴에 기록될 소미회 모임
정답고 고마운 임들과의 올해 열두 번 미팅

2023년에도 회원님 모두 건강, 희망, 열정, 행복을
2022년 12월 31일 진주 남강 변에서
송구영신(送舊迎新) 인사 보냅니다

산수연 (傘壽宴)

갑신생 회의 올해 돌림방이 회장이 인사 꾸벅
오늘은 원숭이들의 합동 산수연
참석한 임들 감사

저는 40부터 나이는 잊고 살아오는데 어느새 여든
UN의 생애주기 5단계에 따르면 이제야 중년 졸업
앞으로의 나머지 시간은 개인과 사회에 충실

임들은 다 같이 60대에서 80대의 나이로서
농경사회 시대부터 인공지능 시대까지
다양한 시대상을 한꺼번에 체험해 온 노장

그러나 지금부터는 뭐니 뭐니 해도
우리 모두의 인생에 있어 남아있는
지선의 가치는 건강

그러므로 상대클럽 이 좋은 공간에서
틈나는 대로 함께 가벼운 운동과 즐거운 담소로써
모두가 계속 팔팔하고, 사유(思惟)를 즐깁시다

임과 함께

임아
그새 60년
반백 년 넘게 살았다!

고생 많았지
어제도 오늘도 내일도
고난이 연속

그동안
공유 안 한 것 없으며
심신을 함께

사랑해요 또 사랑해
날마다 가벼운 체조와 즐거운 담소
이 세상 하나뿐인 이 인연, 내일도 웃으면서

고행하시는 임에게

먼 나라 미얀마에서
정진(精進)하시는 임

겨울 지나고
봄 오면 뵐 수 있겠지요

해가 바뀌면 뭔가 새로운 것을 다짐하듯이
저는 올해 들어 아침마다 스트레칭합니다
임께서 말씀하셨던 명상을 시작했습니다
명상법이 서툴러 명상인지 아닌지 모릅니다

그래도 명상을 계속합니다
명상해도 잡념이 사라지지 않네요
명상은 어떻게 해야 하나요?
명상이 참 어렵습니다

언제나 건강하시고
다시 뵐 때 많은 가르침 주시길!

연화(蓮花)

인생은 예선 없는 본선뿐
생의 시간은 총알보다 빠르고 멈춤이 없고
쉼 없는 시간이 바로 삶이다

인생은 어떻게 살아야 하는가?
어려우면서도 쉬운 질문
우리는 고난의 길을 굽이굽이 헤쳐왔다

걸어온 길 잠시 되돌아보면 가시밭길
봉급 1주일 전에 잔액 바닥나는 나날을 이겨왔다
뜰에 잡초 다 제거하려 하지 말고 조금은 남기자

연꽃 인생
환경과 공생하며 살아가자, 그래야 몸과 맘 튼튼
더 넓은 곳을 향하여 가끔 우주를 여행하자

진흙에 뿌리 숨기고 흙탕물에 멱감는
고고한 연꽃송이
너를 보면 세상 시름은 하늘로 날린다

어머니

쉬운 게 하나도 없던 시절, 오직 헌신으로
농촌 마을에서 집안 대소사 도맡아 처리

낮에는 들판에서 농사일로 땀을
밤에는 물레 돌려 무명실 뽑아 길쌈을
하루 세끼 할아버지부터 대식구의 식사 준비
한 짐 넘는 서답을 앞 냇가 얼음물에서 빨래
그러면서 우리 8남매 양육, 초인적 그 능력

결혼 후 수원시에 살 때, 고향에서 멀리 오신 어머니는
서울대 농대 뒤편 서둔동 셋방의 정확한 주소도 몰랐는데
마을 길 지나다가
슬래브 옥상에 널린 제 어린 두 살 딸아이의 옷을 보고
놀라운 직관으로 바로 제집을 쉽게 찾고

이것이 모성의 예지, 그리고 애정
사랑합니다
그립습니다

아버지의 들녘

네댓 살 때쯤, 여름밤 밀짚 멍석에 누워서 별 보며
투박한 아버지의 팔을 베개로 삼고
'가자 가자 감나무, 오자 오자 옻나무' 흥얼거린 동영상

봄 들녘 쟁기질, 오월 말 보리타작, 유월 초 숨 가쁜 이앙
칠팔월 한여름 볏논 김매며 허리 펴지 못하던 날들
가을걷이 후 쉴 틈도 없이 초가지붕 이엉, 고행 연속

당신 몸 편할 새 없이, 아들딸 월사금과 옷가지 마련하고
언제나 자식들 앞날만을 환하게 비추려, 바위 같은 사랑
정작 당신은 꽁보리밥 된장국 삶으로 그 시대와 동행

아버지의 들녘 땀이 오늘의 우리를 키워낸 자양분
형편 안 돼서, 또 몰라서 효 한번 제대로 못 한 나는 바보
'그 모든 것은 과거사'라 하기엔 부끄러운 변명입니다

독일 여동생과 재회

사랑하는 나의 여동생
서독으로 향하던 그 날의 뒷모습은
가슴 저미는 아쉬움으로 남았네
오직 건강과 재회의 염원만이
가는 길을 지키는 등불이었지

먼 낯선 땅
고된 여정 끝에
그대, 뿌리 내려 가정을 이루고
세월은 쏜살같이 흘러
어느덧 반백 년 하고도 오 년

강산은 수없이 변하고
세상은 온통 바뀌었으나
민둥산, 초가집, 돌담길 사라진 자리에
우리의 마음만은 그때 그 시절
여고생과 대학생으로 고스란히 남아 빛나네

나는 하릴없을 때 시를 쓴다

하늘을 날아가는 구름 사이로 숨은 별은 나의 시
그리움의 조각들을 모아 내 빈 마음에 담는다
맑은 숲 싱싱한 나뭇잎은 시를 먹으며 자라고
굽이쳐 내달리는 계곡물은 시를 쓰며 흐른다

오늘도 홀로 소리 내어 쓰는 시 한 줄!
격식도 없는 시, 내가 살아온 날, 살아갈 날을 노래
시를 쓰면 내 심정은 호수처럼 넓고 고요해져
그 여운은 마음속으로 깊이 침잠한다

하나뿐인 작은 꿈은 상처 없는 하루를 보내는 것
그 속에 깃든 사유의 깊이를 조용히 가늠하며
여전히 나를 찾아 펜 끝에 그윽이 머물러
내 마음의 언어는 시로 환생

수경재배 상토 박사

정말 감사합니다
마음에 호수처럼 잔잔한 물결이 일렁입니다

학위 논문집 책장 하나하나를 펼쳐봅니다
그간 정신적 시간적 인고가 이해됩니다

당신에게 박사학위 과정을 권유한 후
생업과 학업을 동시 수행할 수 있을까 염려가 컸습니다

수경재배의 상토 분야에서, 논문의 수준을 떠나
이 논문에 담긴 혼의 값어치는 추산이 불가합니다

자연과학 공부를 처음부터 시작하면서도
중단없이 이룬 공은 무슨 찬사로도 설명이 부족합니다

이제, 휴식을 가진 후
대한민국 원예농업을 혁신해 나가시길 바랍니다

딸기 전공 학생 22인과 함께 2년

딸기는 생산액이 가장 높은 열매채소
딸기 수경재배 기술은 스마트농업을 선도하는 품목
딸기는 달콤새콤 식감 좋고, 비타민 C가 높아
남녀노소 모두에게 권하고 싶은 과일

꽃이 활짝 핀 비닐하우스 안을 보고 있으면
빨간 딸기가 주렁주렁 달린 재배베드를 보면
농장주의 마음은 덩달아 싱싱해지고 행복감
이런 딸기를 만들기까지 노력은 얼마나 많을까?

우량품종 및 병해충 예방과 적정한 환경조절?
딸기 생산자가 실천한 지인용(智忍勇)의 결과로
연중 상큼한 딸기를 맛볼 수 있다

2년간 딸기 전 생산과정에 숙달한 2021년 졸업생
충남농업마이스터대학 딸기 전공 6기생 22인은
충남의 딸기 역사를 다시 쓸 새 일꾼

말 한 번 아니 한 소녀

동급생 그녀는
둥그스름한 무궁화

초등학교 6년 그리고 중학교 3년 같은 반인데도
수줍음에 단 한마디의 말도 못 했는데, 이건 나의 대외 비밀

오다가다 마주치면 설렘에 무언의 아련함
한 마디 말한 역사도 없이 그저 스쳐 지나가기만

왜 그랬나, 부끄럼이 뭐길래, 12년 동안 바보처럼 말없이
이 사건 누구도 못 인정해

지금 어디 어느 하늘 아래 봉숭아꽃, 장미꽃, 할미꽃
해맑은 그 미소는 진주보다 고왔었다

간 세월 반백 년인데 총총 눈빛은
이제는 내 머리 소프트웨어에서 안녕히

웃음

옛말에 '웃으면 복이 온다'라고 하며
아프거나 괴로울 때 웃음 치료가 특효라는데
밝게 인사 나누고 웃으며 정담 나누면 만사형통

길을 지나거나 버스를 타도 웃는 얼굴 보기 귀하다
왜 그렇게 엄숙하고, 화난 듯한 얼굴이 많을까?
어쩌면 하루에 10초도 웃지 않은 사람 많을 터

한국 사람은 나이, 생활 등에 따라서 다르지만
하루에 웃는 시간이 90초 미달
그런데 300초 정도는 웃는 게 좋다고 한다

나는 요즘 혼자서 거울 보며 자주 웃음보 터진다
내 방에는 벽, 수납장, 책상에 한 개씩 거울 세 개
시도 때도 없이 거울 보면서 싱글벙글

빙그레 미소 지으면 얼굴 노화 지연
거울 속 나와 마주 보며 웃으면 웃음이 나온다
웃으면 힘이 솟고 기분이 새로워져

마음

마음아~
갑자기 왜 이리 허전할까?
모였던 군중 떠나간 텅 빈 광장에서
고요가 피부를 파고들어 누군가 기다려진다

마음아~
반겨주는 이 없는데
나 혼자 환호하며 달려간다
붙잡아도 빈손이요 불러도 메아리 없다

마음아~
사랑하는 나의 마음아
너는 알리라 손 깃발 흔드는 나를
빛 따라 한없이 가는 저 손짓 메아리를 보라

사람 냄새나는 저녁 식사 모임

좋아하는 분을 자랑하다 보니 특별한 자리가 됩니다
다른 곳에서는 성사될 수 없는 별난 모임입니다
한 번쯤 카오스적 모임이 필요하며 이는 생산적입니다
서울 사람과 진주 사람이 만나는 단순한 모임입니다

지올라이트 기술자 김 대표 천릿길을 달려왔습니다
탄소미립자 전문가 박 회장 참석했습니다
수산 유통업의 달인 허 회장 왔습니다
금융권 전문가 정 회장 촌음을 아껴서 왔습니다
부산에서 요식업 전문가 급히 왔습니다
노래 부르는 것이 취미인 분 참석합니다
상대클럽 그라운드골프장 회원 참석합니다
대학보다는 사업을 꿈꾸는 20대 아가씨 참석합니다

각양각색으로 초면이지만 에나 화목하게 대화해 봅시다
각자는 자기 영역에서 땀 흘려 번영할 분입니다
2021년 6월 22일 함께 저녁 식사하면서 웃어봅니다

인생 그렇게 살지 말아요

동갑계 매헌이 인생 그렇게 살지 말아요. 짓궂게 농담한다
그라운드골프장 베드로가 인생 그렇게 살지 말아요. 말한다
시니어정보센터 황원섭 부회장이 바둑두며 같은 말을 한다
동기회 가면 식사하다가 운당이 꼭 이 말로 좌중을 웃긴다
중앙시장을 지나는데 상인들끼리 이 소리로 왁자지껄하다
노인정 할아버지들 인생 그렇게 살지 말라 하면서 다툰다
길 가는 아주머니들끼리 이 말을 하며 서로 나무란다
소나무가 칡넝쿨 보고 그렇게 따라오지 말아요. 충고한다
단비가 장맛비에 그렇게 오래 내리지 말아요. 권한다

우리가 가는 길은 재밌고 우스꽝스럽다
그러면 어떻게 살아야 하나?
이 길로 가야 하나? 저 길로 가야 하나?
나는 잘 모를 때가 있다
텔레스 선배에게 물으러 가사!
그 형은 답을 알겠지
그이도 모르면 누구에게 물으러 가야 하나?

임을 보내면서

옥선(玉仙) 임이시여
편히 가시오소서!

향년 70으로 가시니
못다 이룬 소망 아쉽습니다

생전
소곤소곤 그 모습 그리우면 어찌할까요?

일백 년도 안 되는 그 시간
아등바등 일순(一瞬)이었습니다

그리워 보고 싶으면
사학산 자락 묘원으로 가서 묵념하렵니다

간판 아래 '또오리'의 문법

갑신생계 다음 달 '우리 모임 어딜 갈까?' 물음표 띄우니
반응은 '또오리식육식당' 이름 일곱 자
'오리고기 먹자' 생각에 회원 모두 기뻐했네

약속 날 하루 앞, 궂은 비 마다하지 않고 장소 점검
간판은 '또오리식육식당', 안심했나 했더니, 메뉴는 삼겹살
어라? 내용과 다르네, 오리고기 꿈은 어째야 하노?

'또오리' 넌 대체 누구냐? 아마도, '또 올 것이다' 그 뜻?
궁금증 풀려고 문법책 뒤지고, 인터넷 바다 헤맸는데
한글 말본 어디에도 '오다' 동사 활용에 '오리'란 없다

하지만 포기 않고 묻고 찾으니, 작은 힌트 하나 다가오네
'광고나 상호에선 의도적으로 쓰기도 한다'
아하! 문법 ㅠ칙을 살짝 넘어선 또 다른 언어의 세계였구나

사람 마음 끄는 재치 있는 발상이로다
새가 아닌 '또 오게 만들겠다는' 염원
언어는 틀 안과 밖을 넘나들며 춤추는구나!

제5부

잡필단상

잠 못 이루는 밤

창밖은 고요한데
열기 품은 고뇌와 씨름하는 한여름 밤
시름의 그림자 깊이 드리워
마음은 심연을 헤매고
내 안의 불꽃은 사그라지지 않네

함께 하고 싶은 얼굴, 아련히 떠올라
그 눈빛 속 기쁨 선명히 빛나고
내일의 만남, 그 설렘에
꿈결 같던 잠조차 달아나네

잠은 휴식이지만
의식의 끈 놓아버린 '나 없음'의 시간
어둠 속 깊이 잠기는 순간
영혼마저 날아가 버린 짙은 암흑이거늘

깨어 있음은 생명의 춤
숨 쉬고, 느끼고, 사랑하며
이 밤의 깨어남은
성장하는 과정이리라

변화무궁

소낙비 쏟아지다가 해 쨍쨍 내리쬐고
메마른 가뭄 끝에 장마가 들이닥칩니다

뼈 시린 삼한의 추위도
이글거리는 삼복더위로 바뀌어 가듯

작은 알에서 병아리 깨어나고
여린 씨앗은 푸른 싹으로 태어납니다

싱그러운 초록 잎사귀는
낙엽색 물들어 마르고

차가웠던 미움도
어느새 따스한 사랑으로 녹아내립니다

가슴 아프게 흘린 눈물은
환한 웃음꽃으로 피어나며

기다림 속에 머물다가 세월 지나면
그대는 바람처럼 홀연히 떠납니다

세상 만물과 모든 사유는 한자리에 머물지 않고
광활한 우주 모든 존재는 쉼 없이 흘러갑니다

변하지 않는 것 하나라도 바랄 수 있을까요?
그것은 해가 서쪽에서 뜨기를 기다리는 일과 같습니다

그러나 임에 대한 나의 마음은
일편단심입니다

계단 오르기는 자가발전

나이의 층계
시간의 층위
세상일 다 겹겹이 쌓인 계단

도시의 숨 가쁜 층층처럼
우리네 발걸음 닿지 않는 곳 없으니
그것을 오르지 않고서야, 오늘을 마주할 수 있을까?

빠른 토끼와 느린 거북이의 우화처럼
더디더라도 꾸준함이
정상으로 이끄는 숨겨진 진리

아래서는 가려져 보이지 않던 풍경
높이 오를수록
새로운 빛깔로 펼쳐지고

산봉우리에 닿을수록
세상은 더욱 아득히 넓어지네

세월의 강물 흐르며 경륜 쌓이고

생활은 더욱 노련한 지혜로 깊어지나니

한 층, 또 한 층
오르는 발걸음마다
성숙의 향기 깃들고
총총히 박힌 작은 성취의 별들이 쌓이며
그 길 위에서 발견하는
은은한 고독의 즐거움

이런저런 계단을
오늘도 우리는 멈추지 않고 오릅니다

울렁다리

소금산 굽이굽이 능선은
구름을 헤치며 웅장하게 솟아오르고
발아래 삼사천은 연둣빛 물결로 잔잔히 빛나네

아득히 솟은 하늘 다리
그 길 위엔 푸른 하늘이 펼쳐지고
아래 강물은 또 다른 하늘을 고이 품었네

천공을 잇는 한 줄기 길
그 아찔한 높이에서
가슴은 벅차게 울렁울렁

깊은숨 내쉬니, 가슴 속 번뇌의 티끌은
저 아래 강물에 사르르 녹아내리고
새로운 숨결이 온몸을 감싸 안네

산행은 보약

춘, 하, 추, 동
가벼운 기분으로
흙냄새 비탈을 오르면
봉우리가 반겨줘

산은
묵묵하고
우리에게 건강주며
마음을 편안하게

산마루에 닿으면 가슴이 확 열리고
기운 충전하여 하산할 때 날아갈 듯
주기적 산행은 일상의 새 역사를 다듬어
몸과 맘을 정화하는 보약

즐거운 단상(斷想)

들어도 다시 듣고 싶은 속삭임
만나도 또 만나고 싶은 모습
내 마음 당기는 그이는 누구일까?

은하처럼
섬광(閃光)처럼
아련히 떠오르는 그이는 어느 별에 사는가?

나에게 정 주지 않더라도 즐겁고
받는 정 없어도 미소 지으리
주기만 해도 사랑

내 마음은 내가 주는 것
줄 수 있다는 것은 나의 자유
내 맘 줄 수 있는 그이는 저 하늘 저 별

마당 벌어진 데 솔뿌리 걱정

땡볕 아래
마당이 거북등무늬로 갈라져
흙바닥 깊은 한숨 쉬네

함지박 꿰매는 솔뿌리
할아버지 왼손에 쥐고
마당만 바라보는 그 심사

초목이 목마른 대지에는
시원한 단비가 간절하건만
어찌 솔뿌리로 메우리

흐르는 계곡물 막으려
돌덩이 쌓는 양
물정 모르는 비보짓인기?

지금, 거센 파도 일렁이는 바다
짐 실은 저 배들은 어디로 가는지?
내가 솔뿌리 챙길 일 아니지만, 씨앗은 심으리

등나무 그늘에서 희망을 엮다

이천이십오년 유월 초사흘 오후
진주 주약동 한주럭키 쉼터 등나무 넝쿨 아래 앉아
이마 스치는 바람결, 저 먼 하늘을 감싸 안네

오늘은 나라의 스물한 번째 지도자를 맞이하는 날
내일은 새 역사의 숨결이 트이리
숨 가쁜 스무날의 치열함, 온 나라를 감싸던 경쟁의 물결

오천만 운명의 미래를 쥘 이여
부디, 이 나라의 내일을 새싹 희망의 빛으로 밝혀주소서
청렴한 몸가짐, 정직한 손길로 이끌어주소서

다름 속에서 하나의 조화를 이루듯
대양의 깊이, 하늘의 넓이로
이 나라를 이끌어 밝은 미래로 나아가소서

앞은 망경산 푸르러 구름은 평화로이 속삭이는데
숲속 꾀꼬리 노래에 맞춰 마음 다듬어, 새로운 꿈을 심고
내일을 환영하네!

그라운드골프

푸른 잔디 물결 위
서두름 없는 발걸음은
클럽을 쥐고 사뿐히 내딛는 경쾌한 춤사위

서로를 배려하는 마음 모아
오직 공 하나에 마음을 실어
홀포스트 향해 기꺼이 나아가니 즐거움 가득한 전진

벗과 웃음꽃 피우고 때로는 홀로 고요히 즐기는 시간
경쟁은 저 멀리, 함께 새긴 발자취
승부보다 소중한, 마음의 고요한 울림

설령 공이 길을 잃어 존을 벗어나도
한 클럽 너비 안에서 다시금 채를 들고
벌타 한 섬쯤은 너그러이 웃음으로 흘려보내

규칙은 사람에게 맞춰지는 온유한 경기
진정한 생활 체육으로 피어나
여가를 함께 아우르며 날마다 지혜로운 선택으로 빛나네

빈 병은 말한다

너와 나 그리고 소주병 셋이 마주 앉아
밤이 깊도록 마음의 빗장 스르르 풀리니
사유(思惟)의 강물은
영혼의 강과 하나 되어 흐르네

대화의 물결 잔잔히 깊어질수록
푸른 병은 제 몸을 기꺼이 비워내고
겹겹이 쌓인 이야기의 시간처럼
빈 병들은 묵묵히 줄지어 서네

소주 기운
가슴 깊이 스며들어
굳게 닫혔던 마음의 창 활짝 열리니
창밖엔 어느새 여명, 찬란한 빛으로 물 들어오네

넝쿨째 굴러와 호박

깊은 흙 품어 뿌리 내리고
넉넉한 기운, 땅의 정기 가득 머금으니
넓은 잎새 가득 펼쳐 노란 꽃 환히 피어나

어느 땅이든 가리지 않고
잡초와 더불어 굳건히 자라나는 힘
그 끈기 보라! 손길 무심해도 기어코 열매 맺는 너

한 줌 볕으로 족한 듯, 뜨거운 햇살 품어 안고
척박한 들녘에도 흔연히 자리 잡아
오랜 기다림 끝에 익어가는 황금빛 둥그런 몸

때로는 '박호순'이라 불리고
호박죽으로 구황의 시절을 함께 견뎌낸
순박한 모습 속에 깃든 넉넉한 마음 푸근함이여

언제든 '넝쿨째 굴러와' 뜻밖의 기쁨 안겨주는 너
가만히 지켜보니 알겠네!
진정한 풍요는 꾸밈없는 데 있음을 가르쳐주네

나는 무엇인가?

나는 어디서 왔는가?
아득한 별의 속삭임에서
무한한 은하의 품에서

나는 어디로 가는가?
한 줌 흙인가?
흐르는 물결인가?

나의 정신은 무엇으로 깨어나는가?
고요한 사유의 숲에서
찬란한 일출의 섬광에서

나의 존재는 무엇인가?
텅 빈 충만인가?
만물을 품은 우주 그 자체인가?

나는 어찌 살아가야 하는가?
세상 향해 빙그레 미소 지으며
빛 없는 우주 되어 고요히 흘러갈래

약속 못 지켜 미안

나태가 삼킨 새벽 첫차
늦잠에 스러진 소중한 약속
하염없는 비에 묶인 듯한 발걸음
그림자처럼 따르는 많은 변명

밤안개 흩어져 낮의 덧없는 구름 되고
꽃잎 지듯 아련히 사라진 향기처럼
바람에 마른 접시의 물 자국처럼
메마른 마음의 샘, 이내 바닥을 보이네

닿지 못한 인연, 엉킨 실타래 같고
하늘 저편 기러기의 그림자처럼
굳건했던 언약, 한 줌 연기되어 흩어지니
순간의 선택이 이리도 시릴 줄이야

흠뻑 젖어버린 신뢰의 파편들
태산같이 짓누르는 죄스러움
쏟아진 모래알, 다시 담는 몸짓
아쉬움 가득한 마음, 밤을 하얗게 지새우네

나의 詩는 어디에 사는가?

눈물 자국마다, 환희가 피어난 웃음마다
시는 깊이 스며들어 숨 쉬네

저기 나무의 그림자에도 풀잎의 춤에도
시의 숨결은 고요히 속삭이네

작은 돌멩이에도 시냇물 노래에도
시의 선율은 잔잔히 울려 퍼지네

하늘 높이 구름 조각 밤하늘 별빛 속에도
시의 오랜 이야기가 숨 쉬듯 잠들어 있네

가슴 저미는 뜨거운 사랑처럼
시는 이 순간에도 생생히 살아 있네

시는 인생의 본질, 존재의 빛, 생활의 아름다움
소중한 나의 詩여 영원히 빛나리

오늘도 이 길을 걷는다

철 따라 초목은
새잎이 낙엽으로 자라며
꽃은 지고
씨앗은 새싹으로 변한다

안개는 구름 되어 떠돌다가
환생하여 강물로 흘러, 땅을 적시며
내일 아침에도
어제와 같이 해돋이는 계속된다

소년은 할아버지 되고
손자는 다시 태어나며
어느 것 한 가진들
모두가 자연, 다 원리대로 살아간다

깊은 산 속 같은 마음으로
당신을 바라보고 미소 지으며
가파른 고갯길을
오늘도 멈춤 없이 넘으련다

인생의 묘수, 바둑

세월이 한가로이 흐를 때면
벗과 마주 앉아 수를 놓거나
홀로 기보를 감상하며 마음을 다잡습니다

바둑판 위 흑과 백, 두 마음 마주하는 곳
열아홉 줄을 가로세로 엮어 만든 세계
삼백예순 한 점 별들이 반짝이는 작은 우주입니다

돌 하나 놓일 때마다
숨결이 닿고 생명이 깃들어
얽히고설켜 경계가 나뉩니다

때로는 내어주고, 때로는 빼앗으며
잡고 잡히는 이치 속에서 작은 돌 하나에 큰 그림을 그리며
인생의 축소형을 스스로 체험합니다

긴 호흡 속에 인내를 배우고
정갈한 자세로 예의를 다하니
바둑돌 소리에 지혜가 피어납니다

일기(日記)를 써야 잠든다

한밤, 하루를 쓰며
단 한 날도 거르지 않는 의식

잠의 문턱에서 붓으로 그날을 새기고
다음 새벽, 다시 그 삶을 펼쳐보네

지나온 시간의 표제어는
년 월 일 요일 날씨 그리고 아침 온도

장황한 산문 대신 이젠 핵심만 담는 요령이 생기네
육십 년, 묵묵히 써 내려온 나 홀로 역사

아쉬움은 지나간 발자취에 묻어두고
내일 향할 새길 찾아 마음 다잡네

멈추지 않으리 이 글쓰기
숨 쉬는 한 이어질 걸음마

일기는 단순한 종이 아닌 나 자신
늘 살아 움직이는 증표

사유(思惟)가 생이요 생(生)이 사유다

사유는 대상을 깊이 생각하고 따져보는 행위
인간의 이성적(理性的)인 활동
내면의 진실을 찾아가는 여정입니다

사유를 통하여 많은 것을 느끼고 배우며 성장합니다
사유는 서로를 연결하고 이해하는 샘물입니다
사유는 창조와 사랑이 따릅니다

우리는 사유의 시간을 가짐으로써
꿈을 가꾸고 힘이 솟고 생활이 밝습니다
사유와 더불어 살아가고 있습니다

사유가 없으면 짐승, 나무, 돌, 물, 바람, 구름입니다
인간에게 사유가 없다면
그저 주변에 널려있는 자연에 불과합니다

사유함으로써 길이 열리고
사유하면 임이 오며
사유는 우주이고 정신입니다

내 육신(肉身)의 기본

모든 물질의 최소 단위체는 분자
분자는 원자들이 화학 결합을 통해 이루어지고
어떤 물질 고유의 정체성을 유지

원자는 원소의 구성 요소
같은 종류의 원자로 이뤄진 성분 물질이 원소
118종의 원소가 밝혀져 있고

원자는 화학 반응으로는 더 쪼갤 수 없는 단위
원자핵과 전자가 결합한 형태
즉, 원자는 전자구름 안에 원자핵 있고

원자핵은 양성자와 중성자로 이루어져 있는데
양성자나 중성자를 구성하는 소립자는 쿼크라 하고
손목시계를 분해하면 금속 조각 편에 불과하듯이

우리 육신은 쪼개면 결국은 쿼크와 같은 소립자인데
소립자가 셀 수 없이 응집한 물질이 우리의 육체
이것을 알면, 소립자 뭉치인 인간은 물질이고 신(神)

나는 단백질 덩어리

생물체를 구성하는 기본 물질 하나는 단백질
식물은 탄수화물과 질소 화합물로 아미노산을 만들고
이 아미노산들을 결합하여 단백질 합성

내 몸의 근육은 단백질 덩어리
몸의 에너지는 단백질체인 효소가 촉매하여 만들어 주며
우리 인간의 육신 성분은 대부분이 물과 단백질

저기 한 사람이 걸어간다
뜯어 보면 물과 단백질이 뭉친 덩어리가 가고 있다
지금 이 글을 쓰는 "나" 하나의 단백질 덩어리에 불과해

그런데, 이 물질 덩어리가 사유하여 인간으로 역할을 하니
자연의 조화는 참 신비(神祕)롭다
100살 생명을 영위한 다음에는
물과 무기 성분으로 해체되어 자연으로 순환된다

나의 뿌리는 어디에 있나?

208위(位)가 안장된 남해 사학산 기슭의
신씨평장묘원은 나의 뿌리
조상을 생각하며 해마다 성묘와 시제에 참여

개별 가정마다 산재해 있던
묘의 벌초, 성묘와 시제의 어려움을 해소하기 위하여
2006년에 한 장소로 문중 묘원을 통합 조성하였다

묘원 완공 후 해마다
참배하는 사람이 늘어 만남과 대화의 장소로 발전돼
새 문화 아이콘 숭조돈종의 장소가 되어 가고 있다

오늘날 세태는 조상의 묘와 제에 대한
사회적 인식이 급격히 희박해지는 추세
효에 대한 이해가 클수록 더 건강한 가정을 이룰 것이다

묘원은 노량대교로부터 서남으로 7km 거리에 있고
대교 아래는 충무공의 유서 깊은 유적이 있는 곳
대교 주변은 섬 사이로 떨어지는 일몰이 장관이다

육체를 움직이는 촉매, 효소

효소는 살아 있는 세포에 의해 만들어지며
생화학 반응을 촉매하는 단백질 분자
모든 생물체는 효소화학 반응의 결과로 생명 활동이 가능

인체 내 수많은 효소는 각기 고유 역할이 있어
한 가지 효소는 한 가지 물질에만 반응

인간은 컴퓨터와 마찬가지로
하드웨어와 소프트웨어로 구성
하드웨어는 물과 단백질과 같은 물질로 된 육체
이 하드웨어를 구동하는 촉진제는 효소
정신계인 소프트웨어는 사유(思惟)가 해당

매스컴에서 '효소를 담근다'는
글이나 강연을 자주 접하는데
이의 대다수는 열매, 뿌리, 잎 또는 줄기를 용기에 넣고
설탕으로 우려낸 침출수에 불과하고, 이는 효소가 아님

신비로운 단백질, 몸속의 효소가 파업이라도 하는 날이면
우리는 산에 있는 묘에 들어가

영원한 안식을 취해야 하고
효소를 잘 관리하려면 적절한 영양과 규칙적 생활이 정답

주마등처럼 스치는 정암의 발자취

시간 지나도
'인생은 어떻게 살아야 하나?' 풀리지 않는 숙제
1940년대 병마 뚫고 살아남는 것은 유아에게는 천운
부모님 땀방울로 초등학교를 거쳐 대학까지 졸업
꿈 있던 시골 청소년에게 현실보다 한 발 앞서가는 사유

3년 복무 마치고 사회 첫발 내디디니
한 달 봉급 절반이 하숙비
열정으로 움직인 청춘, 일하는 것 무섭지 않던 30대
신혼 단칸방에, 아침 신에 서리 내려 있고,
냉장고 선풍기 없던 때
세월은 흘러서 집 마련, 아들딸 성장하고 사회 진출

1980년대 말 나 홀로 수경재배 연구 시작
휴일도 휴가도 모르고
1991년 원격자동제어 수경재배 시스템 개발의 횃불을 점화
1997년부터 경남 파프리카는 나의 인생
수출이 농업 살리는 길이라고
시군 곳곳을 벌처럼 날아다녔지

밖에는 해가 지고 뜨는지 모르고
연구실에만 틀어박혀 온 일상
가족, 이웃에게 따뜻함 더 주지 못한 나의 시간
이제, 방 비워두고. 빈손, 빈 마음으로
내일 아침을 미소로 마중하리다

사랑하고 감사합니다

사랑은 아끼고 귀중히 여기는 마음으로서
우리에게 가장 깊은 감정 중 하나입니다
어머니의 자식 정을 통해 처음으로 사랑을 체험합니다
시간이 지나도 그 기억은 잊히지 않습니다
아이가 어머니를 사랑하는 마음도 마찬가지입니다.

자연에도
사랑은 존재합니다
예로서, 엄마 소가 송아지를 보호하는 모습이나
엄마 고양이가 새끼를 돌보는 장면에서
사랑의 하나의 실체를 이해할 수 있습니다

또한, 이웃과 잘 지내고
세상과 조화를 이루는 것은
사랑의 마음에서 비롯됩니다
가족 간, 부부 사이, 형제끼리, 연인 간의 사랑 등
사랑은 그 얼굴이 다양합니다
그렇지만 사랑의 마음은 하나입니다

사랑은 인간관계에서 서로를 연결하는 힘을 가지고 있고

사랑 없는 삶은 얼마나 공허할지를 생각해 보아야 하며
사랑을 통해 우리는 성장하고 있습니다
사랑은 우리에게 열정과 희망을 안겨주며
우리의 생에서 가장 소중한 역할을 합니다

사랑은 주는 것입니다
사랑은 아름답습니다
사랑은 위대합니다

마치며

나의 그림자가 햇볕을 가리지 않기를 바라며

우리 인간의 시스템은 육신과 정신으로 이루어져 있고, 정신의 바탕은 두루 생각하는 것 즉 사유에서 연유한다고 봅니다.

사유(思惟)는 인류문명을 이끌고 오늘의 발전한 과학사회를 만든 근원입니다.

따라서, 인간은 다른 생물과는 달리 사유하는 동물이며, 사유세계가 어떠한가에 따라 삶의 결과는 다릅니다. 사유하는 염(念)은 무한의 속도로 시공간을 넘나들 수 있다고 하므로 그 힘은 큰 것입니다.

'뜻이 있는 곳에 길이 있다'라는 생각으로 우리의 사유를 잘 가꾸면 삶은 살 가치가 충분하며, 사유의 결과로 좋고 선한 행동을 하는 것이 우리가 추구하여야 할 길입니다.

우리는 빈손으로 왔다가 빈손으로 가지만, 사유하는 정신계에 따라, 각자는 다른 인생을 살다가 갑니다.

나의 그림자가 다른 이의 햇볕을 가리지 않으면서, 나는 사유로서 창조적인 유익한 길을 웃으며 나아가려고 합니다.

신원교 시집

사유의 시간

발 행 일	2025년 9월 30일
지 은 이	신원교
발 행 인	이문희
발 행 처	도서출판 곰단지
주 소	52818 경남 진주시 동부로 169번길 12, A동 1007호
전 화	070-7677-1622
I S B N	979-11-94688-06-8 (03810)

이 책은 저작권법에 따라 보호를 받는 저작물이므로 무단 전제와 무단 복제를 금합니다.
이 책 내용의 일부를 이용하려면 반드시 저작권자와 출판사의 서면동의를 받아야합니다.